청춘에는 마침표가 없습니다

청춘에는 마침표가 없습니다

아름다운 이름, 청춘

초판 1쇄 발행 2025년 12월 18일

지은이 임상택
펴낸이 장길수
펴낸곳 지식과감성#
출판등록 제2012-000081호

교정 이주연
디자인 김희영
편집 김희영
검수 주경민, 이현
마케팅 김윤길

주소 서울시 금천구 벚꽃로298 대륭포스트타워6차 1212호
전화 070-4651-3730~4
팩스 070-4325-7006
이메일 ksbookup@naver.com
홈페이지 www.knsbookup.com

ISBN 979-11-392-2976-9(03810)
값 12,000원

지식과감성#
홈페이지 바로가기

지친 하루 끝, 청춘이 꼭 펼쳐 보고 싶은 인생 지침서

청춘에는 마침표가 없습니다

아름다운 이름, 청춘

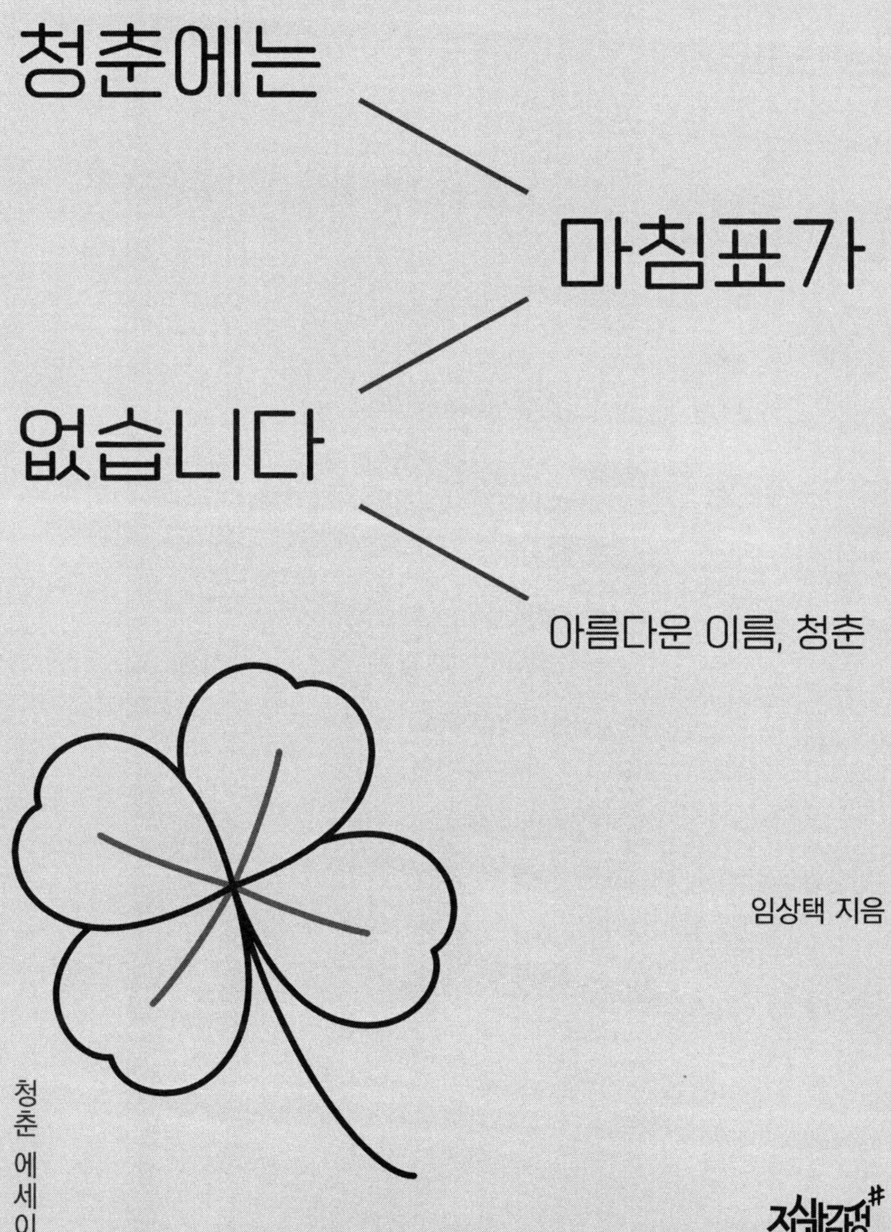

임상택 지음

청춘 에세이

지식과감성#

차 례

2부

조직이라는 바다를 건너며

3부
다름과 연결, 그리고 성장

4부

마음의 격, 품격

서문: 추천의 글

– 청춘에게 쉼표 하나를 건네는 책

가끔은 멈춰서야 비로소 보이는 것이 있다.
하루하루가 버겁고, 결과가 전부인 듯 느껴질 때,
이 책은 조용히 말한다.
"괜찮아. 지금 이 순간에도 너는 피어나고 있다."

《청춘에는 마침표가 없습니다》는 단순한 위로의 책이 아니다.
삶의 가장 현실적인 현장, 조직과 일의 세계 한가운데서 피어난 문학이다.
저자 무룡은 오랜 시간 인사(HR) 리더로서 수많은 청춘의 시작과 흔들림을 지켜보았다.
그가 만난 신입사원, 청년 인턴, 그리고 입사 지원자들의 눈빛 속에는, 언제나 불안과 기대, 설렘과 두려움이 함께 있었다.
이 책은 그 눈빛들을 따뜻하게 기록한 결과물이다.

1. 삶과 일, 그 경계에서 태어난 문장들

이 책은 일터의 언어로 쓰였지만, 문장은 시처럼 흐른다.
성과와 효율, 목표와 경쟁이 모든 것을 결정짓는 시대에
무룡의 글은 '사람'을 다시 중심에 놓는다.

그는 말한다.
"성과보다 중요한 것은 심리적 안정감이다."
"공감하지 못하는 리더는 재난이다."
이 말들은 단순한 경영 이론이 아니라,
현장의 숨결 속에서 체득한 삶의 철학이다.
그는 지시보다 공감,
성과보다 관계에서 해답을 찾았다.

그의 글에는 냉소가 없다.
대신 부드럽지만 단단한 믿음이 있다.
그 믿음은 "사람은 결국 따뜻한 곳에서 성장한다"는 단순한 진리다.

2. 청춘을 위한 현실적 위로

무룡은 청춘을 가르치지 않는다.
그는 그들과 같은 속도로 함께 걸으며 말한다.
"실수해도 괜찮다. 그것은 배움의 증거다."

〈쉬는 법을 배우는 그대에게〉에서는,
쉼의 필요를 '게으름'이 아닌 '회복의 용기'로 이야기하고,
〈오늘, 나를 위한 첫걸음〉에서는,
자기 돌봄이 곧 성장의 출발점임을 일깨운다.

그의 문장은 늘 현실 속에 발을 딛고 있으면서도,
그 너머의 따뜻한 빛을 잃지 않는다.
읽다 보면 자신을 다그치던 마음이 조금씩 풀리고,
조용히 미소가 번지는 순간을 맞게 된다.
그것이 이 책이 가진 진짜 힘이다.

3. 봄의 장미와 가을의 장미처럼

책의 후반부로 갈수록 무룡의 문장은 더욱 서정적으로 변한다.

봄의 장미는 시작의 설렘을,
가을의 장미는 견딤의 깊이를 상징한다.
그는 이렇게 말한다.

“늦게 피어도 괜찮습니다.
더 붉고, 더 진하고, 향도 더 깊게 피어나니까요.”

이 문장은 단순한 비유가 아니라,
삶의 속도를 잃어버린 모든 이들에게 건네는 온기 어린 선언문이다.
청춘뿐 아니라 인생의 두 번째 봄을 맞이하는 모든 세대에게도 조용한 울림을 전한다.

4. 부모와 리더 세대에게 건네는 또 하나의 선물

이 책은 청춘만을 위한 책이 아니다.
오히려 청춘을 사랑하고 이해하고 싶은 부모와 리더에게 더 필요한 책이다.

한 부모는 이 책을 자녀에게 선물하며 이렇게 말할 것이다.
“이건 조언이 아니라, 네 마음을 이해하고 싶은 아버지의 편지야.”

한 팀장은 신입사원에게 이 책을 건네며 말할 것이다.
"이건 매뉴얼이 아니라, 네가 흔들릴 때 다시 일어설 수 있는 이야기야."

이 책은 세대 간의 대화가 끊긴 시대에
다시 '공감의 언어'를 회복시키는 역할을 한다.
무룡의 문장은 그 경계를 잇는 다리다.

5. 시와 에세이, 그 사이의 언어

무룡의 글은 시이면서 에세이고, 에세이이면서 시다.
짧은 문장 속에도 리듬이 있고,
단정한 문체 속에도 감정의 파문이 일어난다.

그의 문장은 거창하지 않다.
하지만 읽는 사람의 마음에 '조용한 빛'을 남긴다.
그 빛은 책을 덮고 난 뒤에도 오래 남는다.

6. 끝없는 문장을 함께 걸어가는 이들에게

이 책은 우리에게 묻는다.
"당신은 지금 어떤 문장 속에 서 있나요?"

우리는 누구나 자신의 문장을 쓰고 있다.
때로는 쉼표로, 때로는 느낌표로,
그리고 아직 끝나지 않은 마침표 너머로.

《청춘에는 마침표가 없습니다》는
그 문장 사이에서 흔들리는 모든 이들에게
조용히 손을 내민다.
"괜찮다, 오늘도 잘 버티고 있다."

이 책을 읽는 청춘은 위로를,
이 책을 선물하는 부모와 리더는 이해를 얻게 될 것이다.
그리고 우리는 모두, 이 문장처럼 믿게 될 것이다.

청춘에는 마침표가 없습니다.
그 끝없는 문장을, 함께 걸어가길 바랍니다.

지식과감성#

1부

청춘, 그대는 이미 괜찮은 존재

청춘은 부족해서가 아니라, 아직 피어가는 중입니다.

실수해도 괜찮고, 흔들려도 괜찮습니다.

그대는 이미 빛나는 존재입니다.

그 자리에서, 다시

요즘 청춘의 마음은 참 복잡합니다
등 뒤로 보이지 않는 기대와 책임이
천장처럼 무겁게 내려앉습니다
취업의 문턱을 넘고 나서도
또 다른 고민이 기다리고 있지요

마치 어두운 동굴에 갇힌 듯한 절망감이 들 때도 있습니다
"터널일 뿐이라 생각하라"는 위로가 들려와도,
그 말이 닿지 않을 만큼 마음이 흔들리고
발밑의 땅이 사라지는 것 같은 어둠이
조용히 밀려올 때가 있습니다
그럴 때 인간은 분노하고, 주저앉습니다

저도 그 마음을 압니다
저 역시 가까운 이를 먼저 떠나보내고,
그 이후 긴 어둠을 걸었습니다

그러던 어느 날, 한 편의 영화가
제게 다른 질문을 던졌습니다
하정우 주연의 영화 〈터널〉 속 주인공은
끝까지 포기하지 않더군요
작은 빛 하나, 낯선 사람의 목소리, 빵 한 조각,
물 한 모금에 감사하며
하루를 버텼고, 그렇게 한 날 한 날을 쌓아
결국 바깥으로 나왔습니다
그가 믿었던 건 거대한 기적이 아니었습니다
사랑하는 사람의 목소리, 함께 있던 강아지,
그리고 구조대원의 발걸음
모두가 작은 믿음의 끈이 되어 그를 붙들어 주었습니다

그날 알았습니다
절망을 빠져나오는 힘은 '거대한 해답'이 아니라,
오늘을 버티게 하는 '작은 믿음들의 연결'이라는 것을

그 믿음은 때로 사람의 손끝에서,
때로 음악의 한 음절에서 피어납니다
에디트 피아프의 〈사랑의 찬가〉처럼
가만히 눈가를 적시는 선율일 수도 있고,

새벽 안개 낀 호숫가의 공기처럼
폐를 채우는 상쾌함일 수도 있습니다
때로는 한 곡의 멜로디가,
때로는 따뜻한 말 한마디가
삶을 버티게 하는 이유가 됩니다

그러니 먼저, 자신에게 허락해 주세요
절망하고 화내고 주저앉아도 괜찮습니다
그 감정들을 서둘러 치워버리려 하지 말고,
있는 그대로 마주하세요
그다음엔 천천히, 아주 천천히 다시 질문해 보세요
지금 내 앞에 놓인 문제는 무엇인가요?
그 문제를 바꿀 수 없다면,
그 문제를 감당할 수 있게 해줄
작은 실마리는 무엇일까요?

긍정의 힘은 낙천적인 〈쿵푸팬더〉 '포'처럼,
넘어져도 다시 웃으며 일어나는 마음에서 시작됩니다

우리는 종종 과거의 상처에 머물며
정작 필요한 시간을 잃습니다

두려움 속에서 에너지를 낭비하기보다,
해결의 실마리를 찾는 데 그 소중한 시간을 써보세요

지금 당장은 작고 보잘것없어 보여도,
그 실마리들이 모이면 길이 됩니다
작은 빛들이 모이면, 어둠은 물러납니다
그리고 어둠이 다 물러날 때쯤,
그대의 눈에는 이미 빛이 깃들어 있을 것입니다

마지막으로 한 가지 약속을 드립니다
그대가 선택한 속도로 가세요
남의 기대에 맞추려 애쓰다 지친다면,
잠시 멈춰도 괜찮습니다

다시 걷기로 결심할 때,
가장 가까운 손 하나를 붙잡으세요
그 손은 사랑일 수도, 우정일 수도,
스스로에게 건네는 온화한 말일 수도 있습니다

터널은 길고, 어둡고, 언제 무너질지 모르지만
그 안에서 발견한 작은 긍정의 빛들이

결국 그대를 밖으로 이끕니다

그리고 밖에는 또 다른 계절이 있습니다
그 계절에는,
그대의 이름을 부르는 바람이 불 것입니다

숨을 크게 들이쉬세요
가을바람처럼 맑은 공기가
어느 날, 조용히 그대의 창을 두드릴 것입니다

오늘을 버티는 작은 믿음 하나,
내일을 부르는 조용한 용기 하나,
그 두 개가 이어져 길이 됩니다.

괜찮아, 청춘

누구나 실수하며 살아가요
저도, 그대도, 모두 그렇지요

사회에 첫발을 내디딘 청춘이라면
조금 더 자주 미끄러질 수도 있어요
하지만 괜찮아요
아직 우리 자신이라는 숲에서
길을 찾는 중이니까요

실수는 살아 있다는 증거예요
살아 있는 사람만 가질 수 있는, 값진 기회니까요
그래서 연필 끝에는
지우개가 달려 있는 게 아닐까요?
지우고 다시 쓰면 돼요
흐릿한 별빛 아래
우리만의 궤도를 다시 그리듯이요

서커스 무대를 떠올려 보세요
줄 위를 걷다
순간 발을 헛디딘 단원이
중심을 잃고 무릎을 꿇어도
관객은 이렇게 외치지요
"괜찮아!"
그 외침과 박수는
넘어져도 다시 일어나는 사람에게 향하지요

하지만 그 이후가 더 중요해요
넘어진 그 자리에 주저앉지 않고
다음엔 더 나은 동작을 꿈꾸는 사람,
그 사람이 결국 성장하는 사람이에요

실수를 지혜로 바꾸는 사람은
자신을 먼저 돌아볼 줄 아는 사람이에요
"이번에는 내가 무엇을 잘못했을까?"
자신을 돌아보는 사람은
실수에서 배웁니다
그 순간,
실수는 상처에서

꽃으로 피어나고
삶을 더 넓히는
출구가 될지도 몰라요

반대로
실패의 이유를 남에게서 찾고
남 탓하는 사람은
늘 같은 자리에 머뭅니다
우리는 그런 사람을
본능적으로 멀리하고 싶어집니다

누구도
남의 마음을 다 알 수는 없어요
우리 자신의 마음조차
완전히 이해하기 어렵거든요
그런 우리가
남을 쉽게 재단하고 판단한다면
그건 참 슬픈 일입니다

그러니
비판은

남이 아닌 '나'에서 시작해야 해요
자신을 돌아보는 사람은
조금씩 깊어지는 어른이 되지요

나이가 들었다고
누구나 어른이 되는 건 아니에요
진짜 어른이 된다는 건
오늘보다 더 나은 내가 되려고
계속 연습하는 사람입니다

괜찮아요, 청춘
오늘의 실수는
성장을 위한 씨앗이에요
지금 그대는
조용히, 그러나 분명하게
자라고 있는 중이니까요

실수는 점이 아니라 콤마,
숨 고르고 다시 쓰라는 신호,
너의 문장은 아직 진행형

형도 그랬단다

– 노라조의 〈형〉을 듣고 청춘에게

어느 날, 라디오에서 흘러나오던 노래 한 곡이
뜻밖에도 제 마음을 멈춰 세웠습니다
노라조의 노래, 〈형〉

처음엔 조금 놀랐습니다
항상 유쾌한 컨셉으로 웃음을 주던 그들이
이렇게도 절절한 위로를 건넬 줄이야

가사 하나하나가
오래된 친구의 '조용한' 고백처럼
가만히 제 마음속에 내려앉았습니다

삶이란 어쩌면 끊임없이 다가오는 시험 같고,
때로는 세상에 홀로 서 있는 듯한 고독의 연속이지요

왜일까요?

이 말이 유난히 가슴 깊이 스며드는 이유는,
아마도 저 역시, 그런 날들을 오래 견뎌봤기 때문이겠지요

청춘 여러분,
이 노래는 단지 한 곡의 음악이 아닙니다
한 사람의 생존의 이유이자
견뎌온 이가 들려주는 가장 인간적인 조언입니다

저 역시 포기하고 싶었던 순간들이 있었지만
묵묵히 버텨보니, 어느새 숨을 고를 수 있었다고,
쉽게 말 못 할 밤들을 견디며
때로는 술 한잔에 마음을 비워가며
하루를 살아냈습니다
그 시간들은 지나고 보니
어느새 제 안에 단단한 뿌리가 되어 있었습니다

삶이 호락호락하지 않다는 걸
우리는 너무 일찍 배우게 되죠
넘어지고 부딪히며,
스스로를 탓하기도 하면서

하지만 이 노래는 말합니다
넘어져도 괜찮다고,
깨져도 된다고,
다시 일어나면 된다고

그 말이 참 고맙습니다
누군가 먼저 걸어간 길에서
뒤따라오는 그대에게
조용히 손 내미는 듯한 그런 위로이니까요

지금 청춘이 겪는 그 시간들,
고단하고 외로워도,
언젠가 분명히 웃으며 이야기하게 될 겁니다

세월이 흐르고 보면,
이 순간조차 소중한 추억으로 불릴 날이 오겠지요

저는 청춘의 시간을 조금 먼저 걸어본 사람으로서
이 음악을 진심으로 추천합니다
저에게 그랬던 것처럼
그대에게도 오래도록 위로가 되기를 바랍니다

그러니,

마음에 여유가 스치는 그때

함께 들어 보지 않겠어요?

그 울림이, 언젠가 그대 마음 깊은 곳에도

조용히 스며들기를 바랍니다

노래 한 곡이 등을 토닥이고,
문장 한 줄이 밤을 건너게 하니,
견딘 시간은 결국 힘이 된다.

쉬는 법을 배우는 그대에게

우리는 하루하루
참 열심히 살아갑니다
배우고, 일하고,
정보를 찾고, 땀을 흘리고
그 사이사이,
차 한 잔 놓고 숨을 고르지요

가끔은 그런 생각이 듭니다
연주자들이 보는 악보에도
쉼표는 꼭 들어 있다는 걸요
소리를 멈추는 순간조차
음악은 흐릅니다

그러니
달릴 수 있을 때 달리는 것도
지혜일지도 모릅니다

숨이 차오른다면
걸음을 늦추라는 신호일 테니까요
감기처럼 몸이 아픈 날엔
몸이 조용히 건네는
'쉬어도 괜찮다'는 신호일지도 모르지요

바닷물로는 갈증을 풀 수 없듯,
마음이 다치기 쉬운 결정은
서두를수록 더 메마를 수 있어요
급할수록 돌아가라는 말,
낡은 듯 들릴지 몰라도
그 길이 더 멀리, 더 안전하게 닿는 법입니다

때로는 아무것도 하지 않는
느긋한 시간이 필요할 때도 있지요
그 순간,
문득 떠오르는 생각이
무엇보다 소중할 때가 있습니다

조금 느릿해도 괜찮습니다
모든 것을 다 이룰 수 없어도

그대의 걸음이 그대에게 정직하다면
천천히라도 괜찮습니다
그걸로 충분하니까요

인생은 마라톤 같아서
중간마다 물 한 모금 마시고
길가에 핀 꽃을 한 번쯤 바라볼 여유가
오히려 그대를 더 멀리 이끌어 줄 거예요

조급할수록 더 멀리 돌아보세요
결정이란 건,
때론 멈춘 뒤에 더 선명해지기도 하니까요

그러니,
가끔은 멍하니 있어도 좋습니다
무심히 흘러가는 하늘을 바라보아도 좋고요
그런 시간이
그대를 더 단단하게 만들어 줄 겁니다

부디,
달리는 법만이 아니라

쉬는 법도 배우기를 바랍니다
그래야 오래도록,
그대다운 삶을
이어갈 수 있으니까요

쉼은 포기가 아니라 연료,
천천히가 멀리의 다른 이름,
멈춤 다음에 길이 선명해진다.

오늘, 나를 위한 첫걸음

청춘이여,
조심스레 물어봅니다
오늘, 여러분의 몸은 안녕하신가요?

세상에 단 하나뿐인 존재,
그 소중한 그대가
진심으로 행복해지길 바란다면,
가장 먼저 해야 할 일은
'몸을 먼저 깨우는 것'입니다

하루 한 줌의 땀,
그건 그대를 지키는 조용한 갑옷이자
스스로를 사랑하는 작은 용기입니다
건강한 루틴은
자기를 존중하는 첫 번째 약속이지요

피로는 마음의 촉을 무디게 만들고,
사소한 말에도 날카로워지게 합니다
세상이 회색처럼 흐려 보일 수도 있지요

그러나 몸을 움직이면,
마음이 먼저 반응하기 시작합니다
걷고, 뛰고, 숨을 고르다 보면
굳었던 시선이 풀리고
신호등도, 가로수도,
골목의 고요함도
감사하게 다가옵니다

산책 나온 강아지에게 반갑게 손을 흔들고,
어느새 세상의 모든 것에
감사한 마음이 피어납니다

문득,
이 모든 고요가 내 곁에 있었다는 걸 깨닫습니다
달라진 건 세상이 아니라
움직이기 시작한 나였습니다

건강은 그런 감각을 되살려 줍니다
삶의 디테일이 따뜻하게 느껴지고,
잊고 지냈던 감사가
천천히 마음 안에 스며들지요

하루의 리듬이 살아나면
행복도 조용히 자리를 잡습니다
무언가 해내고 싶은 마음,
자신을 아끼는 존중,
조금 더 도전하고 싶은 용기가
자연스럽게 따라옵니다

그러니 청춘이여,
지금 이 순간,
조용히 시작해 보지 않으시겠어요?

산을 오르는 것도 좋고,
달리는 것도 좋습니다
아니면 오늘,
그저 가볍게 걷기부터 해 보세요

그 첫걸음은

그대를 어제보다 더 단단한 사람으로 만들어 줍니다

힘을 내세요

여러분은,

존재만으로도 충분히 소중하니까요

몸이 움직이면 마음이 깨어나고,
마음이 깨어나면 감사가 보이고,
감사가 보이면 길이 넓어진다.

지금 심는 씨앗, 늦게 맺는 열매

열정페이요
그 단어는 듣기만 해도 씁쓸합니다
열정이란 말로 누군가의 시간과 땀,
그리고 가장 빛나는 시절까지 앗아 가려는 것은
명백히 잘못된 일이에요
그건 노력의 이름을 빌린 '불공정'입니다

누군가는 말하지요
"열정이 부족해선 안 된다"라고요

하지만 그대가 지켜야 할 건
순간 타오르는 열정보다
오래 지속되는 따뜻함이에요
기꺼이 불태우기보다
제때 불빛을 켜는 지혜가 더 필요하지요

그럼에도 전하고 싶은 말이 있어요
우리 모두 젊을 땐
하고 싶은 것도 많고,
그냥 쉬고만 싶은 날도 있잖아요
그래요, 누구나 그런 날은 있어요

세월은 빠르고
기회는 머뭇거림을 오래 기다리지 않지요
단 한 걸음이라도
조금 더 일찍, 더 단단히 내디딘다면

사십이 되고 오십이 되었을 때
세상은 그대에게
훨씬 큰 열매를 내어줄 거예요
더 깊은 자리에서
더 여유로운 숨으로
더 멀리 바라보며
풍성한 가을을 맞이할 수 있어요

물론 지금의 그대에게
이 말이 무겁게 들릴 수도 있습니다

저도 그 시절엔 몰랐지요
워라밸이라는 말조차 없었고
남보다 앞서려면
희생은 당연하다고 여겼거든요
그래서 후회도 했어요
'왜 나는 그 시간들을
조금 더 내 편으로 남기지 못했을까' 하고요

하지만 지금은 알겠습니다
그 시절 흘린 땀과 경험이
저를 조금 더 높은 곳에서
세상을 바라보게 했다는 것을요
그 바람이 그때와는 전혀 다른 결로
지나간 시간을 비춰 준다는 것을요

그래서 청춘에게
이 말을 조심스레 건네고 싶습니다

지혜가 깊어질수록
행복은 오래 머물고,
큰 기쁨은

늦게 피어난다는 것을요

그러니 단 한 번만
스스로에게 물어봐 주었으면 합니다
지금 이 순간
"나는 내 시간을 어디에 심고 있는가"

꽃이 먼저 피는 나무가 있고
늦게 피지만 열매가 많은 나무도 있지요

청춘이여,
그대도
분명 후자가 될 수 있습니다
우리 모두 그러했듯이요

빠름의 환호는 짧고,
오래의 결실은 깊고,
오늘의 씨앗이 내일의 숲이 된다.

그대만의 특수기호를 만들기를

면접장에 들어가기 전,
자기소개서를 몇 번이고 다시 읽던 어느 순간,
문득, 스쳤을지도 모릅니다
“나는 어떤 기호일까?”

누군가는 자신을 물음표(?)라 말했습니다
매일이 궁금하고
호기심으로 가득하다고요

또 다른 이는 느낌표(!) 같다고 했습니다
눈썹이 먼저 반응하고,
놀람과 열정이 기본 탑재라고 말이지요

누군가는 더하기(+)라고도 합니다
무엇이든 채우고 싶어 하는 사람,
사람도, 경험도, 때로는 웃픈 수당까지도 말이지요

어떤 이는 빗금(/) 같다고 했습니다
아직 어느 방향인지 모르겠지만
그래도 어딘가를 향해 나아가는 중이라고요

말투 따라, 성격 따라
자신만의 특수기호를 지닌 사람들
처음엔 우습게 느껴졌지만
자세히 듣다 보니 멋있었습니다

단 한 글자만으로 자신을 말할 수 있는 사람
딱, 그 사람만의 설명서처럼

그래서 저도 골라보았습니다
쉼표(,)
잠시 멈추어 숨 고르는 법,
그걸 알려주는 사람이 되고 싶었거든요

그대는 어떤 기호를 가지고 있나요?
아직 정하지 못했다면,
그 자체로도 괜찮습니다
이미 '…'라는 이름의 기호일지도 모르니까요

아직 이어지는 이야기
멈추지 않은 가능성

오늘, 그대만의 기호 하나,
세상에 꺼내어 보여주시겠어요?
단, 복사와 붙여넣기는 금지입니다
오직 그대만의 언어로,

그대만의 표정으로

세상은, 그런 그대를 기다리고 있습니다

그대라는 숲을 위하여

남들만큼의 노력으로는
흔들리는 마음 하나조차
제대로 붙들 수 없습니다

진짜 노력은
햇빛 아래 드러나지 않더라도
조용히, 깊게 자라는 뿌리처럼
그저 묵묵히 쌓여가는 것입니다

목적 없는 여행, 의미 잃은 쉼은
잠시의 위로일 수는 있어도
기억 깊이 남지 못합니다
그때는 웃었을지라도
그 웃음이 사라진 자리에
다시 허전함이 밀려오곤 하니까요

하지만 몸으로 부딪히고
마음으로 견뎌낸 순간들은
언젠가 문득
그대를 단단하게 떠올리게 할 것입니다

흘린 땀, 포기하고 싶었던 밤들,
혼자였던 새벽의 침묵조차
결국에는 그대라는 사람의
가장 진한 색이 되어 줍니다

그러니,
지금의 아픔을 부끄러워하지 마세요
그것은 그대가 무언가를
진심으로 살아냈다는 증거입니다

모든 시간은 그대를 자라게 합니다
가짜가 아닌
진짜 경험들로
그대만의 숲이 천천히,
그러나 확실히 자라고 있습니다

언젠가 그늘을 내어줄
아름다운 숲을 기다리며,
깊이, 그리고 천천히
그대라는 숲을
스스로의 호흡으로 완성해 가시길 바랍니다

청춘이 걸었던 그 길 위에서

그대는 아시나요
이 땅의 봄을 앞당긴 이름들을

하늘보다 뜨거웠던 열일곱의 유관순,
젊음의 끝자락에서 조국을 안고 날아든 스물넷 윤봉길,
그리고 총을 들기 전,
먼저 사상을 품었던 서른의 안중근

그들은 모두,
인생에서 가장 뜨거운 시기를 살고 있던 청춘이었습니다
눈빛은 맑았고, 걸음엔 두려움 대신 신념이 있었습니다
나라 없는 삶을 부끄러워했고
나라다운 미래를 꿈꾸었습니다

무기를 들기 전,
그들은 먼저 마음을 다졌고,

뜻을 모았으며
무엇보다 평화를 말했습니다

안중근 의사의 총성은
전쟁이 아니라
늦기 전에 깨어나라는
양심의 외침이었습니다

그 외침은 바다를 건너
열강의 심장을 울렸습니다
그리고 그 피는
대한민국이라는 이름 속에서
조용히, 끈질기게 흘렀습니다

그 시대에
말보다 행동으로
독립의 뜻을 앞서 실천한 이들은
주로 청춘이었습니다

그래서 더욱
그 청춘들이 자랑스럽습니다

세상은 여전히 어른들의 질서로 굴러가고
청춘은 그 안에서
자주 뒤로 밀려납니다

하지만 기억해 주세요
그대 앞에 놓인 수많은 고비들에는
한때 청춘이었던 용기들이 깃들어 있습니다

길이 험해도 괜찮습니다
때로는 멈춰 서고
한 걸음 물러나도 괜찮습니다

다만 그대의 마음만은
그들처럼
자신을 아끼며
세상을 밝히는
꺼지지 않는 불빛이 되기를

안중근 의사는 말했습니다
“白日莫虛渡 靑春不再來”
– “세월을 헛되이 보내지 마라, 청춘은 다시 오지 않는다”

그대가 걷는 이 길 위에도
분명히 봄은 피어날 것입니다

그대는 청춘입니다
그리고
그 자체로
이미 자랑입니다

청춘에는 마침표가 없습니다

저는 마침표 없는 시를 씁니다
다만, 잠시 숨을 고르기 위한 쉼표만 있을 뿐입니다

해는 저물어도 다시 떠오르고
시든 가지엔 봄이 오면 꽃이 피듯
삶의 여정에도
끝이라 부를 마침표는 없습니다

때때로
낯선 길목에서 멈춰 설 수 있고,
모든 게 무의미하게 느껴질 때도 있겠지요
하지만 그 순간 또한,
쉼표일 뿐입니다

청춘은 쉼표로 이어지는 삶입니다
지금 이 순간,

존재만으로 찬란한 그대는 바로
'청춘'입니다

아직 펼쳐지지 않은 이야기들,
아직 만나지 않은 사람들,
시작조차 하지 않은 도전들이
여러분 앞을 기다리고 있습니다

그러니 주저 말고,
상상해 보세요
어떤 반짝이는 일이
여러분의 하루를 바꿔놓을지

청춘이여,
그대의 봄날은 아직 끝나지 않았습니다
아니요, 이제 막 피어나고 있습니다

이 순간에도
여러분의 내일은
아직 쓰이지 않은 시처럼
가능성으로 가득합니다

부디 기억하세요
삶은 쉼표로 이어지는 문장이고
그 문장의 주어는,
바로 여러분,
청춘입니다

여러분의 찬란한 내일을
언제나 조용히 응원합니다

그대의 이름이,
삶이라는 긴 문장의 시작이자
가장 아름다운 주어가 되기를 바랍니다

사랑의 슬픔, 그리움의 길 위에서

청춘이여,
사랑으로 인한 고통과 우울감, 그리고 그리움은
그 어떤 성장통보다도 깊고 아픕니다
가슴이 텅 빈 듯한 공허함에 숨이 막히고,
세상이 갑자기 회색빛으로 변해버리기도 하지요

처음 사랑을 하면 모든 걸 다 줘도 아깝지 않습니다
그 사람을 보고 있으면
세상이 내 편인 것처럼 느껴지고,
슬픈 음악조차도 따뜻하게 들리곤 하지요
마음 어딘가에서 기쁨의 샘이 조용히 솟아오르니까요

하지만 사랑은 언제나 행복만 주지는 않습니다
이별의 순간이 찾아오면
기쁜 음악도 슬프게 들리고,
세상은 순식간에 얼음왕국처럼 차가워집니다

크라이슬러의 〈사랑의 슬픔〉이나
유키 구라모토의 〈로망스〉를 들으면
가슴 한편이 무너져 내리기도 하지요

그런데, 청춘이여
그 슬픔을 너무 오래 붙잡지 마세요
사랑의 상처는 누구에게나 찾아오는 과정이지만,
그 아픔을 품는 태도에 따라
그대의 영혼은 전혀 다른 길로 성장합니다

음악가나 시인들 가운데에는
사랑의 상처 속에서 위대한 작품을 남긴 이들이 많습니다
슬픔이 그들을 무너뜨린 것이 아니라,
그 감정이 예술로, 언어로, 선율로
다시 태어났기 때문입니다

저 역시 그랬습니다
사랑의 슬픔 앞에서 한동안 숨조차 쉬기 어려웠지만,
사랑의 추억은 시간이 흘러
제 글과 대금 연주 속에서
더 깊은 감성과 진실로 다시 피어났습니다

슬픔이 저를 무너뜨린 것이 아니라,
제 예술 속에서 조용히 빛이 되었지요

시간이 흐르면,
이소라의 〈바람이 분다〉를 듣던 그날의 마음도
언젠가 미소 지으며 회상할 수 있을 거예요
그리움이 나를 옥죄던 감정에서
내 안의 한 조각으로 녹아드는 순간이 오지요

그러니 너무 서두르지 말고,
그대의 속도로, 천천히 회복하세요
사람을 잃은 그 자리에, 언젠가
더 깊고 넓은 사랑이 찾아옵니다

새로운 인연은 분명 다시 찾아올 것입니다
도파민도 다시 흐를 것입니다
그러니 사랑을 두려워하지 마세요

사랑의 슬픔은
이겨내고 잊는 것이 아니라,
내 안에 조용히 놓아주는 것입니다

그리움이 스스로 길을 찾아
어느새 나의 일부로 돌아올 때까지요

2부

조직이라는 바다를 건너며

처음 마주한 보고서, 낯선 시선, 예기치 않은 상사의 표정….

그 모든 순간에도 자신을 잃지 않으려는 그대에게,

조직이라는 바다를 함께 건너는 따뜻한 말들이 건네집니다.

성과보다 심리적 안정감이 먼저

회사라는 곳,
성과와 목표가 우선시되는 조직에서
우리는 종종
'나는 괜찮은가'보다
'일은 끝냈는가'에 더 익숙해집니다

처음 맞는 보고서,
처음 겪는 실수,
처음 보는 상사의 무표정
그 모든 처음 앞에서
청춘은 혼란스럽기만 하지요

하지만
누구도 처음부터 강하지 않았고
실수 없이 자라지 않았습니다
중요한 건

그때마다 스스로에게 묻는 것이에요

"지금 내 마음은,
안전한가요?"

심리적 안정감은
마음의 뿌리를 내리게 하는
봄 흙과 같습니다
안정된 마음에서
좋은 생각이 자라고
좋은 말과 행동이 나옵니다

불안 속에서 일하기보다
실수해도 괜찮다는 믿음 안에 있어야
우리는 성장합니다

그래서 우리는
말할 줄 알아야 해요
"이 일은 조금 어렵습니다"
"시간이 조금 더 필요합니다"
"지금 제 마음이 불안정합니다"

그 말들은
약함이 아니라
더 잘하고 싶은 마음에서 나왔음을
무엇보다 그대가 알아야 해요

어렵더라도 한 번쯤은
말해 보세요
“이런 환경이 조금 힘듭니다”
“더 안정된 분위기에서 일하고 싶습니다”

잠시 멈춰,
나를 다그치지 않고
지켜볼 수 있을까요?

그럼에도
마음이 자꾸 말라간다면
주저 말고
다른 곳을 찾아도 괜찮습니다

옮기는 건 패배가 아닙니다
더 나은 나를 위한 선택일 뿐입니다

청춘이란 이름으로
무작정 버티기보다
자신의 마음을 아끼는 것이
더 멋진 용기일 수 있습니다

기억하세요
결과보다 더 먼저 지켜야 할 것
그것은 바로
그대를 지키는 '마음의 집'입니다
그리고 그 집은
세상 어디에도 없는
단 하나,
'나'라는 이름으로 존재합니다

결과는 따라오는 손님,
먼저 문을 여는 건 안정,
안정 위에 성과가 앉는다.

곁에 머물 사람

외롭던 날들,
그 시간을 견디게 해준 건
멀리서라도
나를 믿어준 한 사람이었습니다

어머니였을까요,
형제였을까요,
사랑하는 사람이었을까요?
아니면 아직 만나지 못한
어딘가의 누군가였을까요

살다 보면
혼자 걸어야 하는 길이
의외로 많습니다
그래도 언젠가
조용히 손 내밀어 준 사람이

곁에 있었음을
잊지 않으셨으면 합니다

혹시 지금은
그런 사람이 곁에 없다 해도
괜찮습니다
천천히 찾아가 보세요
그대 마음이 머무는 자리엔
언제나 길이 생깁니다

비록
혼자서 품은 사랑일지라도
그 마음이
그대를 지켜주고
조용히 이끌어 줄 테니까요

믿어줄 사람 하나
믿고 싶은 사람 하나,
그 곁을 바라고 있다면
이미 그대는, 그 길 위에 있는 겁니다

그리고
그대 또한
누군가에게 그런 사람이 되어
조용히 곁을 내어줄 수 있다면
그 삶은 이미
충분히 귀하고 따뜻한 걸지도 모릅니다

그대가 걷는 이 길 위에
작은 빛 하나,
잠시 쉬어 갈 그늘 하나,
그리고 그대 곁에도
머물러 줄 누군가가
언젠가 도착하리라는 믿음
그 믿음 하나로
우리는 하루를 더 걸어갑니다

함께 걷는 이유

같은 길을 걷는 동안엔
누가 더 잘났는지를 따지기보다
서로 다른 점을 인정하는 마음이
더 어른스럽고, 더 멋지지 않을까요

너무 멀리만 보느라
곁에 선 사람을
스치듯 지나치기도 하지요
가끔은 한 걸음 옆으로
시선을 돌려 보면 어떨까요

후배의 꿈은
선배의 조언과 만나야
길이 더 단단해지고,
우리는 더 멀리 갈 수 있으니까요

작은 목소리에도 귀를 기울이고
조용히 애쓰는 이의 뒷모습에도
따뜻한 시선을 보낼 수 있다면
그런 배려와 공감이
우리가 함께 일하는 이곳의
공기처럼 퍼져 나갈 것입니다

존경이
멀리서 바라보는 별빛이라면,
존중은
곁에서 매일 비추는 햇살입니다

먼 누군가보다
지금 곁에 있는 사람에게
먼저 내어야 할 마음이겠지요

오늘 하루도,
서로의 마음을 조금 더 알아가 보세요
그 마음이 바로,
우리가 함께 걷는 이유가 될 테니까요

함께 걷는 사람

처음엔
일만 잘하면 되는 줄 알았습니다
지시받은 대로, 빠르고 정확하게
해내는 사람이면 환영받을 거라 믿었지요

하지만 조직은
그저 일만으로 움직이지 않았습니다
회사란, 혼자가 아니라
함께 걷는 사람들이 모인 곳이었습니다

하루를 시작할 때
마음을 어디에 두는가
어깨를 나란히 맞추는 일,
함께 가는 방향을 묻는 일
그것이 더 중요할 때가 많았습니다

한 사람의 백 걸음보다
백 사람의 한 걸음이
더 멀리, 더 오래갑니다
그 단순한 진리를,
우리는 경험 속에서 배워야 했습니다

소속감과 애정,
내가 속한 곳을 아끼는 마음은
신뢰의 씨앗입니다
오늘조차 그 마음이 흔들린다면,
중요한 일을 맡길 수는 없으니까요
조직은 아직 그대와 함께하기를 기다립니다
똑똑한 이보다
진심인 이를,
말이 좋은 이보다
같은 길을 함께 걷고자 하는 이를

조직은 오케스트라입니다
내 악기가 가장 크다고
혼자 소리 높이는 것이 아니라
각자의 음색이

서로를 살려주는 곳

일을 잘하는 것도 중요하지만
그보다 먼저
사람들과 잘 어울리려는 마음,
회사를 내 일터로
내가 함께 키워갈 곳으로 여기는 마음
그 태도가 진짜 시작입니다

청춘이여
자신의 자리에서
고유한 빛을 내되
곁을 돌아보는 따뜻한 시선을 간직하길 바랍니다

조직은,
함께 걸어갈 사람을 기다리고 있습니다

그리고 그 길 위에
그대의 발걸음이
오케스트라의 화음을 완성할 것입니다

내 하루를 지키는 말

가끔은, “아니요”라고 말해야 할 때가 있어요
그건 틀린 것도, 나쁜 것도 아니에요
그대가 누군가의 부탁을 다 들어줘야만
좋은 사람인 것은 아니니까요

도와주고 싶은 마음,
그걸 먼저 전해도 괜찮아요
“이 일로 고민이 많으셨겠네요”
그 한마디면, 상대도 조금은 마음이 풀리니까요
공감은, 거절보다 먼저 건네는 손수건 같아요
서로의 마음을 조용히 닦아주는 따뜻한 손수건이요

그리고 나서, 진심을 전하세요
“정말 도와드리고 싶지만,
제가 이미 약속이 있어
이번에는 어렵겠습니다”

마음에 불편함이 번지기 전에,
솔직함으로 조용히 선을 그어주세요
그건 무책임이 아니라,
그대의 하루를 지키는 책임감이기도 하죠

그렇다고 문을 닫을 필요는 없어요
"하지만 다음 기회에는 꼭 힘이 되어 드리고 싶어요"
그대의 진심은 여전히 그 자리에 있으니까요

그리고 마지막,
그 사람의 마음을 믿어준 고마움은
꼭 말로 표현해 주세요
"저를 믿고 이렇게 부탁해 주셔서 감사합니다"
그 말 한 줄에,
그대의 따뜻함이 다 담겨 있어요

모든 것을 다 받아들이며
자신을 점점 잃어가는 건
결국, 가장 가까운 나에게 상처 주는 일이에요
거절은 끝이 아니라,
더 나은 관계를 위한 조율이고,

그대를 위한 선택이에요

거절은,
배려와 용기 사이에
조용히 피어나는 미덕이에요

그러니,
연습해도 괜찮아요
익숙해져도 괜찮아요
때로는 '사양합니다'라는 말이
그대를 더 단단하게
그리고 더 따뜻하게 만들어 줄 거예요

따뜻하게 듣고, 분명히 선을 긋고,

미래의 나를 지키는 선택,

그것이 배려의 또 다른 이름

공감하지 못하는 리더는 재난

가끔은
눈앞에 있는 사람이
사람이 아니라,
벽처럼 느껴질 때가 있지 않나요?

말은 들리지만
뜻은 닿지 않고
표정은 있지만
마음이 없습니다

공감하지 못하는 리더는
재난입니다
고통을 들어도 고개만 끄덕이고
눈물을 봐도 시간 낭비라 여깁니다
이상하게도
그가 머무는 자리엔

늘 찬바람이 먼저 앉아 있었습니다

어느 보고서엔
공감 없는 사람이 2%라는데
살다 보면 이상하게도
열 명 중 하나는 꼭 그런 사람,
아니, 그보다 더 많은 듯합니다

그런 리더가 윗자리에 앉은 조직은
서서히 병듭니다
뱀파이어처럼
차가운 무관심을 퍼뜨리며
사람들의 마음을 바싹 말려 버립니다

하루하루가
일터가 아니라
마음을 갉아먹는 자리처럼 느껴진다면
그건 그대의 탓이 아닙니다

청춘이여,
먼저 인내하고 대화를 나눠보세요

그래도 답을 못 찾았다면,
어쩔 수 없는 선택은
벗어나는 것입니다
그건 도망이 아니라, 자기 보호입니다

사람의 마음이 사라진 곳에
그대의 청춘을 흘려보내지 마세요

그리고 언젠가
그대가 누군가를 이끈다면,
가장 먼저 배워야 할 건
사람을 품은 성과만이
시간 앞에서도 견딜 수 있다는 사실입니다

좋은 조직은
공감이 흐르는 곳입니다
그 마음을 아는 그대가
그 문화를 만들 수 있습니다

소통의 문

우리는 살아가며
쉼 없이 소통합니다

누군가 곁에 없더라도
우리는 스스로에게 말을 걸고,
마음속의 나와
가장 깊은 대화를 나누기도 하지요

소통은 침묵 속에서도 일어납니다
그래서 소통은
타인과 나 사이의 일일 뿐 아니라,
스스로를 이해하는 방식이기도 합니다

그만큼 소통은 중요합니다
마음을 꺼내
다른 마음과 맞닿는 순간

그 사이엔
조용한 교집합이 생겨납니다

하지만 우리는
그 간단한 일이
어쩐지 자주 어렵습니다

상대의 말을 듣는 척하며
속으로만 결론을 내린다거나,
자신의 의지를 밀어붙이면서
소통했다고 착각할 때도 있지요

특히 조직 안에서는
이런 일이
더 자주, 더 무겁게
사이를 가로막습니다

소통이란,
말을 건네고,
그 말을 듣고,
그 다름을 받아들이는 일입니다

가르치기보다는
함께 알아가는 마음,
들려주기보다는
들어주는 시간에서 시작됩니다

그리고 우리가 자주 놓치는 것이 하나 더 있습니다
바로, 말의 방식

부정은 마음의 문을 닫고,
긍정은 길을 여는 힘이 됩니다

그러니 다음에 말을 건넬 땐
부정이 아닌
긍정의 언어로 말해 보세요
"늦지 말자"보다
"시간 맞춰 가자"라고,
"실수하지 말자"보다
"정확히 해내자"라고

말의 온도 하나가
소통의 문을 여는 열쇠가 됩니다

소통은 약속입니다
존중으로 시작해
이해로 이어지는,
서로를 인정하는 약속입니다

그 약속이 지켜질 때
말은 비로소
사람을 향한 길이 되고,
그 길 위에서
우리는
서로를 만납니다

다르게 보는 눈

우리는
지식과 지혜를
갈망하며 살아갑니다

살다 보면
나이는 자연스레 쌓이지만
지혜는 그렇지 않더군요

나이가 들수록
조심해야 할 것이 있습니다
바로
하나의 시선에 갇히는 일입니다

한쪽 눈으로만 보는 사람은
쉽게 단정하고
쉽게 외면하며

쉽게 판단합니다

세상은
하나의 정답으로 움직이지 않습니다
전문가라 해서
모든 해답을 알지는 못하듯

어떤 자리에 올랐다면
그 자리에 맞는 지식과 시선을
스스로 익혀가야 합니다

때로는
자신의 한계를 아는 사람이
진짜 현명한 사람입니다

모르면
듣고
배우고
묻고
곁에 더 나은 이들에게
주저 없이 다가가는 용기

신념만 앞선 아집은
방향 잃은 배 같고
멈추지 않는 독선은
파도를 몰아 더 큰 난파를 부르지요

그러니
그대는
다르게 보는 눈을 가지세요

여러 갈래의 시선과
서로 다른 목소리를
받아들일 수 있는 마음을 가지세요

좋은 인재는
현실을 읽을 줄 아는 사람입니다

말의 여백에서
의도를 읽어내고
흩어진 조각에서
본질을 짚어내는 사람
그런 사람이

진짜 인재입니다

신이라 해도
지혜를 주진 않습니다
다만
질문을 던질 뿐입니다

그 질문 앞에서
그대가 머뭇거리지 않고
고개를 돌려
다른 시선으로도
볼 수 있으면 좋겠습니다

정답을 좇기보다 질문을 세우고,
한 시선에 갇히기보다 겹눈이 되고,
지혜는 다름의 합으로 자란다.

승진, 인정이라는 꽃

청춘이여,
입 밖에 꺼내기 망설여지는 말이 있습니다
그 이름은, '승진'입니다

누구나 바라지만,
자리는 늘 모자라고,
누군가는 조용히 한 발 물러섭니다

그때 묻습니다
"나는 왜 승진하지 못했을까?"
"누구보다 열심히 일했는데…"

그 마음, 틀리지 않았습니다
알아보는 눈도, 기억하는 마음도 있습니다
그러나 청춘이여,
외면할 수 없는 진실 하나는 남아 있습니다

승진은 성과만으로 결정되지 않습니다
성과는 시작일 뿐입니다
그 위에 쌓이는 것은
그대의 태도와 품격입니다

소통하려는 마음,
타인을 향한 공감,
팀을 위한 몰입과 헌신,
묵묵히 제자리를 지키는 책임감,
하고 싶은 일보다
해야 할 일을 먼저 하는 자세

그리고
변화를 두려워하지 않는 창의성,
정직하고 단정한 언어와 태도

쉽지 않습니다, 그러나 어렵기에 더 의미 있습니다
그 방향을 알고
꾸준히 걸어가는 사람을
회사는 조용히, 그러나 분명히 기억합니다

혹시 이번에도 이름이 불리지 않았다면,
그 순간이야말로
그대의 진면목이 드러나는 시간입니다

실망의 표정을 감추고,
자리를 묵묵히 지키며
동료에게 더 따뜻해지는 사람
조직은 그런 사람의 뒷모습까지 기억합니다

진정한 승진은,
마음속 깊이 자란 태도와 품격이
'인정'이라는 이름으로 빛나는 순간입니다
서두른다고 앞당겨지지 않고,
억지로 쥐어지지도 않습니다

그저
매일의 태도 속에서
말없이 피어나는 꽃입니다

청춘이여,
승진이란

단지 위로 올라서는 일이 아니라,
더 넓은 시야로
더 많은 사람을 품는 일입니다

그 자리에 어울릴 마음이
그대 안에서 천천히 익어간다면,
그 시간은
그대가 모르는 사이
조용히 곁에 와 있을지도 모릅니다

남극점 정복의 비밀

무언가를 이루고 싶을 때,
우리는 종종
“누가 이끄느냐”를 먼저 떠올립니다
하지만 중요한 건,
그 여정에 함께 나서는 마음의 결일지도 모릅니다

축구나 야구를 보세요
감독의 명성만으로는
우승을 장담할 수 없습니다
화려한 스타들이 모여도
진짜 승리는,
서로를 이해하고
서로를 믿는 데서 시작됩니다
일도 마찬가지입니다

‘이 일은 내 일이다’라는 책임,

'함께하면 더 나을 거야'라는 믿음,
그리고 '내가 먼저 움직여 볼까' 하는 용기,
이런 마음들이 모일 때
작은 조직은 커다란 파동을 만듭니다

그렇다면, 모든 것이 절박했던 한 드라마로 들어가 보겠습니다
서로의 능력을 끝까지 믿고 견뎌낸
다섯 사람의 이야기입니다

1911년, 남극점
세상 그 누구도 발을 딛지 않았던 그곳에
다섯 명의 탐험가가 함께 발걸음을 남겼습니다
우리는 그 여정의 이름을
'아문센 탐험대'라 부르지만,
그건 단지 한 사람의 기록이 아니었습니다

올라프 비야란드,
스키 하나로 설원을 가르던 쉼 없는 날개였고
헬메르 한센,
썰매와 개들을 유연하게 이끌던 조율자였으며
스베레 하셀,

어느 방향으로든 흔들림 없던 나침반이었고
오스카 비스팅,
생존의 끈을 단단히 쥐고 있던 조용한 버팀목이었습니다

그리고 로알 아문센

성공은 한 사람의 깃발이 아니라,
다섯 개의 발걸음이 한 지점에 모여 만든
하나의 흔적이었습니다

누구도 앞서지 않고,
또 누구도 뒤처지지 않은 채
서로의 역할을 인정하고
자신의 몫을 온전히 품었기에
그들은 지구 끝에서
빛나는 발자국을 남길 수 있었죠

아마도,
이건 탐험 이야기이기 이전에
우리 모두의 삶에 대한 비유일지도 모릅니다

때로는 리더가 방향을 제시하고,
또 때로는 팀원이 중심을 잡기도 하며
우리는 그렇게 조직에서
서로의 가능성을 확장시켜 줍니다

남극점은 혼자 가지 않습니다
가장 멀고, 가장 혹독한 그 길은
함께였기에 도달할 수 있었던 곳입니다

그러니,
그대가 오늘 한 걸음 내디뎠다면,
그곳은 이미 우리의 남극점입니다

리더는 방향을,

동료는 속도를,

신뢰는 끝을 건너게 한다.

3부

다름과 연결, 그리고 성장

꽃은 제각기 다른 계절에 피고,

우유도 저마다의 맛을 지니듯,

다름은 가능성이고, 연결은 성장의 시작입니다.

개성 있는 그대를 기다립니다

우리는 저마다 다르게 태어납니다
얼굴이 다르고, 웃음의 온도도 다르고,
세상을 마주하는 마음도 조금씩 다릅니다
부모는 그대의 다름을 누구보다 소중히 여깁니다

하지만 학교에 가는 순간, 이야기는 달라집니다
튀지 말아야 했고,
모범이어야 했고,
넘치는 호기심은 불편함이 되었지요
개성은 종종 문제로 여겨졌습니다

그렇게 자란 우리는
비슷한 말투와 스펙을 가진 어른이 되어 갑니다
자유를 말하지만, 개성은 조용히 눌려 있고
다름은 두려움이 되곤 합니다
세상이 바뀌어도, 그 그물은 여전히 촘촘하지요

요즘 면접장을 보면
열 명이 한 사람처럼 앉아 있습니다
스펙도, 말투도, 답변도
인쇄물처럼 닮아 있지요

모두 '정답'을 좇느라
색을 잃은 풍경 속에 섞여버린 그대
그대는 지금 어디쯤 숨어 있나요?

그럼에도 저는 믿습니다
우리는 모두 '같은 병에 담긴 흰 우유'만은 아닙니다
때론 딸기 향이 가득한 우유,
초콜릿을 진하게 머금은 우유,
노란빛으로 유혹하는 바나나우유도 있지요
그 맛과 향은 저마다의 이야기입니다
사람도 그렇게 다채로워야 하지 않을까요?

우리는 꽃과도 같습니다
진해 벚꽃처럼 화려한 이,
신안 튤립처럼 당당한 이,
제주 유채꽃처럼 밝고 생기 넘치는 이,

영천 작약꽃처럼 묵직한 기품을 지닌 이도 있습니다

그 꽃들은
어떤 이는 봄비를 기다려야 하고,
어떤 이는 겨울바람 속에서 피어나며
각자의 향으로 계절을 채웁니다
"왜 너는 벚꽃이 아니니?"
그런 물음은 꽃에게도, 사람에게도 어울리지 않습니다
진정한 공동체는
다름이 어우러져 만들어지는 것이니까요

그러니 청춘이여,
자신의 개성을 감추지 마세요
조금 낯설어도, 엉뚱해 보여도 괜찮아요
그대만의 이야기를,
그대만의 색으로 그려보세요

세상에 정답은 많지만,
그대의 색깔은 단 하나입니다

이제는 어른도, 조직도 달라질 거예요

다름을 포용하는 문화,
정답보다 이야기와 가능성을 보는 사회
그런 곳이야 말로 살아 숨 쉬는 공동체 아닐까요?

청춘은 단지 어울리는 존재가 아니라,
세상을 물들이는 빛나는 존재입니다
그대의 빛깔이 참 궁금해요
그대의 향기도 기다려져요
회사도, 그런 그대를 진심으로 기다리고 있습니다

정답은 많아도 색은 하나,
네가 빛일 때 풍경이 달라지고,
다름이 모여 우리는 팀이 된다.

경청은 배움의 첫 문장입니다

우리는 정말, 잘 듣고 있는 걸까요?
말을 나누는 자리에 앉아 있으면서도
혹시, 내 말을 준비하느라
상대방의 말을 흘려보내고 있진 않나요?

상대의 말을 듣고 있다고 생각하지만,
그 순간, 정작 상대의 이야기는
스쳐 지나가고 있지는 않았을까요?

청춘이든 기성세대든,
경청은 결코 쉬운 일이 아닙니다
귀는 두 개인데, 왜 듣기는 이토록 어려울까요?

귀는 열려 있어도,
마음이 닫혀 있으면 아무것도 들리지 않지요
소리는 들리지만, 마음은 닿지 않고

우리는 마주 앉아 있지만
그 말은 마음 한가운데까지
닿지 못한 채 돌아섭니다

우리는 유튜브 짧은 영상엔
쉽게 집중하면서도
바로 옆 사람의 이야기는 놓치기 일쑤입니다
잘 듣는다는 건,
생각보다 더 깊은 집중과 애정이 필요한 일입니다

그런데 경청에는 한 가지 해답이 있다고 저는 믿습니다
바로 '배우겠다는 마음'입니다
누구의 말이든,
거기서 배울 것이 있다고 여긴다면
자연스럽게 귀는 열리고, 마음도 따르게 됩니다

누군가의 경험은
우리가 아직 겪지 못한 세상의 조각입니다
그 조각은 말이라는 다리를 건너
조용히 우리 마음에 스며듭니다
그 말을 온전히 듣는 순간,

우리는 그 사람의 시간을 빌려
새로운 삶의 장면을 배울 수 있게 됩니다

경청은 그저 예의의 표현이 아닙니다
성장의 통로이며
관계의 시작이고,
무엇보다 배움의 첫 문장입니다

그 마음으로 상대를 바라보면
말은 더 이상 달아나지 않고,
마음에 머무르게 됩니다

혹시 지금 누군가의 말을 듣고 계신가요?
그렇다면, 그 말 속에서
작은 배움 하나쯤은 찾아보시겠어요?

경청은 결국,
내가 나를 내려놓고
마주한 세계를 향한 조심스러운 첫걸음이니까요

창의는 결국 연결이다

입체파를 창시한 조르주 브라크와 파블로 피카소,
그들의 화폭은 구조였고,
시선은 공간을 해체하고 새로 짰습니다
사물을 쪼개고 비틀어,
보이지 않는 것을 보이게 했습니다

하지만 아무리 독창적이라 해도,
그 출발선은 스스로 그은 것이 아니었습니다
브라크와 피카소, 두 사람은 고백합니다
"우리는 모두 세잔의 아들들입니다"

그렇습니다
폴 세잔 - 사물의 뼈대를 보는 눈,
공간을 다시 짓는 침묵의 붓끝,
그는 고요한 혁명가였습니다

브라크는 세잔의 조용한 눈빛 속에서
형태의 질서를 읽었고,
피카소는 그 파편화된 색면의 틈새에서
또 다른 차원의 시각을 보았습니다

그의 화폭은 색이 아니라 깊이였고,
붓질은 형상이 아니라 구조였습니다
세잔은 겉이 아닌 속을, 모양이 아닌 질서를,
느리게, 그러나 단단하게 추구했습니다

그 느림과 고독의 붓끝이
피카소의 〈아비뇽의 처녀들〉로 이어졌고,
브라크의 〈에스타크의 집〉으로 물들어
그 풍경은 질서로 다시 태어났습니다
창의의 시작은 그렇게, 연결이었습니다

이것은 예술에만 국한되지 않습니다
회사라는 조직에서도 마찬가지입니다
선배들의 기획서 한 줄, 분석자료 한 줄에도
숱한 시행착오와 오래된 통찰이 녹아 있습니다

그러니 부끄러워하지 마세요
선배에게 묻고, 그들의 방향을 관찰하고,
좋은 예시를 반복해 보세요
그 위에 여러분의 관점 하나를 더하는 순간,
그것은 모방이 아니라, 그대만의 창조가 됩니다

창의는 결국 연결입니다
모든 위대한 작품은
먼저 걸은 이의 자취를 딛고 새겨진
또 하나의 발자국이었다는 것을
부디, 잊지 마세요

어제의 손을 잡고,
오늘의 눈을 더해,
내일의 처음을 연다.

그대의 안경은 어디에 있나요

조선 시대, 사람들의 수명은 마흔다섯을 넘기기 어려웠다고 해요
그만큼 마흔을 지나 관직에 머무는 일은 드물었지요
정1품 영의정까지 오른 이들은
무엇보다 건강을 지켜낸 사람들이었답니다

여러 가지 이유가 있었겠지만,
그중에서도 사람을 가장 먼저 지치게 한 것은 바로 '눈'이었어요
멀리 있는 것도, 가까이 있는 것도 잘 보이지 않으니
서책이나 문서를 읽는 것조차 고된 일이 되었지요
그래서 그 시대의 글씨는 지금보다 훨씬 큼지막했답니다
보이지 않는 이들을 위한 조용한 배려였던 셈이에요

그러다 세상은 서서히 바뀌기 시작했어요
어느 날, 바다를 건너 안경이라는 낯선 물건이 들어왔어요
어떤 이는 그것이 낯설다고 외면했지만,
어떤 이는 손 떨리는 노모를 위해 안경을 찾았고

또 어떤 이는, 더 오래 책을 읽고 싶다는 소망에
낯선 땅에서 그 도구를 구해 오기도 했지요
그리고 마침내,
그 안경을 받아들이고 삶을 바꾼 사람들이 있었던 거예요

이야기를 여기서 멈추고 싶은 마음도 있지만,
그 전에, 여러분에게 조용히 묻고 싶어요
왜 제가 안경 이야기를 하는 걸까요?

그건, 우리 모두는 약점이 있기 때문이에요
체력이 약할 수도 있고,
마음이 쉽게 흐트러지는 날도 있지요
어떤 날은 말이 엉키고,
어떤 날은 낯가림이 벽처럼 느껴질 수도 있어요
하지만 그런 것들이 인생의 끝은 아니에요
낙담하지 말아요
누군가에겐 책 한 권이,
누군가에겐 따뜻한 말 한마디가,
어떤 이들에겐 작은 도구 하나가
그 사람의 '안경'이 되어줄 수 있답니다

그 안경은 스스로 만들어 내야만 하는 건 아니에요
세상 어딘가에 이미 존재하는 것일 수도 있어요
다만, 그 안경이 나에게 필요한 것임을 알아보고,
손을 내밀고, 받아들이는 것은
우리 자신의 몫이에요

약점은, 때로는 기술과 지혜로 극복할 수 있어요
그러니 자신을 안타까워하기보다는
나를 도와줄 안경을 알아보는 마음을 가지면 좋겠어요
그 안경은
물건일 수도 있고,
사람일 수도 있고,
매일을 살아내는 습관일 수도 있어요

앞이 잘 보이지 않는다고
길이 없다고는 말하지 마세요
흐릿한 시야 너머,
그대에게 꼭 맞는 안경은
분명히, 어딘가에서
그대를 기다리고 있을 겁니다

거인과 돌, 그리고 스피커

우리는 누구나,
누군가의 손길 속에서 자랍니다
부모님의 따뜻한 숨결,
선생님의 다정한 눈빛,
선배의 짧지만 울림 있는 조언,
그리고 삶의 조각들로 스며든
숱한 이야기들과 배움의 자취들

그렇게 우리는,
보이지 않는 수많은 도움 위에서
조용히, 그러나 단단히 자라났습니다
하지만 어느 순간,
문득 돌아보면
"지금의 나는 누구의 도움을 받고 있을까"
스스로에게 조심스레 묻게 됩니다

혹시 지금,
홀로 바다에 나와 있진 않으신가요?
거센 파도에 휘청이고,
어디로 향해야 할지
나침반조차 흐릿해진 채
그저 버티고만 있진 않으신가요?

그렇다면,
지금 여러분에게 필요한 것은
'거인'입니다
그대보다 먼저 걸어간 누군가,
먼 곳을 바라보는 눈을 가진 이,
그 어깨 위에 올라설 수 있도록
기꺼이 손을 내밀어 줄 사람입니다
그 어깨에 올라선다면,
그대도 더 멀리 볼 수 있을 거예요

그리고 '돛'입니다
바람을 피하지 않고,
그 바람을 길로 바꾸는 힘
그대가 나아갈 방향을 열어주는

지혜로운 판단과 흔들림 없는 결심

마지막으로 '스피커'입니다
그대의 작고 떨리는 목소리를
멀리, 또렷하게 전해줄 누군가
그대의 가능성을
울림 있는 언어로 세상에 말해줄 사람입니다

이 세 가지는
사람일 수도 있고,
책일 수도 있으며,
어느 날 문득 마주한 한 문장일 수도 있습니다

어디에 있든,
누군가는 그대를 기다리고 있어요
그대가 문을 두드리기만 하면,
그 존재는 반드시 대답할 거예요
구하면 얻게 되고,
찾으면 만나게 됩니다

그러니 포기하지 마세요

지금 비바람 속에 있다 하더라도,
돛을 달고, 거인의 어깨에 서서,
그대의 목소리를 세상에 전하는 날이
곧 찾아올 거예요

청춘이여,
희망하세요
그대의 여정은
결코 혼자가 아닙니다

그대는 오케스트라의 한 사람입니다

조직이라는 이름의 무대 위에서
우리는 모두 연주자입니다

누군가는 활을 켜고,
누군가는 숨을 불어 넣고,
또 누군가는 북을 두드리며
저마다의 리듬으로 이 삶에 참여하고 있지요

하지만 모든 연주자가
처음부터 자신의 자리를 정확히 아는 것은 아닙니다

손에 익지 않은 악기를 들고
낯선 악보를 펼쳤을 때,
음은 어긋나고
마음은 조율되지 않은 채 흔들릴 수 있습니다

그건 그대가 부족해서가 아닙니다
그저 아직 익숙하지 않은 곡을 연주하고 있거나,
그대의 손끝과 조금 어울리지 않는 악기를
잠시 연주하고 있는 것일지도 모릅니다

누구나 그렇듯,
때로는 무대에서 물러나
혼자 연습하는 시간도 필요하지요

쉼표는 멈춤이 아니라
침묵 속에서 피어나는 또 하나의 음악입니다

그대에게 더 자연스러운 멜로디가
다른 곳에서 흐르고 있을 수도 있습니다
그대의 숨결이 편히 흐르는 선율,
그것은 분명 어딘가에 존재합니다

아직은 길을 찾고 있는 중일 뿐입니다

그러니 자신을
서툰 연주자라 단정 짓지 마세요

단 한 음이라도 빠지면,
연주는 그 자체가 되지 못합니다

조율에는 시간이 걸리고,
화음은 기다림 속에서 서서히 자라납니다

조용하고 흔들리는 오늘의 연주가
오히려 가장 진실한 그대의 소리일 수 있습니다

잠시 흔들려도 괜찮아요
악보를 덮고 숨을 고르는 순간에도
그대는 여전히 이 무대의 일부입니다

무대는,
지금도 그대의 소리를 기다리고 있어요

사랑은 머무는 빛

사랑이란 무엇일까요
그대의 하루가 누군가의 이름으로 시작되고,
그 이름으로 끝나는 일이라면,
그것이 사랑입니다

사랑은 한 줄기 빛처럼 다가와
굳게 닫힌 마음의 창을 엽니다
어느 날 문득, 그 사람의 미소가
세상의 햇살보다 따뜻하게 느껴질 때,
그때 우리는 사랑의 언어를 배우기 시작하지요

햇빛은 손으로 움켜쥘 수 없지만,
창을 열어두면 방 안 가득 머뭅니다
그처럼 사랑도,
붙잡으려 하면 흩어지고,
열어두면 머뭅니다

그대 마음의 창을 열어두세요

그 안에 머무는 온기가
사랑의 진짜 얼굴입니다

사랑은 우리를 단단하게 만들고,
때로는 부드럽게 부숩니다
그 모순 속에서
우리는 서로를 배우고,
조금씩 성장해 갑니다

사랑은 나를 넘어,
다른 사람의 세계를 이해하게 만드는
가장 따뜻한 통로이기도 합니다

청춘이여,
사랑은 두려움이 아닙니다
그대를 상처 입히는 것이 아니라,
그대를 더 깊은 사람으로 이끄는 길입니다

비록 시간이 흘러 그 사랑이 멀어진다 해도,

그대의 진심은 결코 헛되지 않습니다
그 마음은 바람이 되어,
언젠가 같은 하늘 아래,
또 다른 청춘의 어깨 위에 머물 것입니다

사랑의 끝은,
진정 끝이 아니라
세상을 다시 믿게 하는 시작입니다

4부

마음의 격, 품격

인생이란 결국,

어떤 언어를 고르고 어떤 태도로 살아가는가에 달려 있습니다.

존중과 배려, 그리고 잊히지 않을 따뜻함이

청춘의 마음에도 조용히 스며들기를 바랍니다.

천사의 미소, 오드리 헵번

예쁜 미소와 당당한 걸음
우아한 눈빛, 호기심 가득한 시선
그런 아름다움을 지닌 사람
그 이름만으로도 청춘을 떠올리게 하는 사람
오드리 헵번

화려한 조명의 주인공이었지만
그녀의 시작은 결코 화려하지 않았습니다
전쟁과 굶주림,
어린 날의 트라우마 속에서도
그녀는 입술보다 먼저, 마음으로 웃었지요
그 미소는 상처를 감춘 것이 아니라,
세상을 감싸안은 미소였지요

할리우드는 그녀의 미소를 사랑했고,
세상은 그녀의 마음을 사랑했습니다

스크린 너머로 스며든 눈빛엔
배려와 연민,
상처를 품은 이해와
따뜻한 빛이 깃들어 있었습니다

그리고
그녀는 조명이 꺼진 무대 너머,
더 낮고 따뜻한 무대로 걸어갔습니다
비단 드레스를 내려놓고
아이들의 눈높이로 다가간 진짜 어른,
유니세프 친선 대사로서
굶주린 아이들의 곁을 조용히 지켰습니다

그녀는 말했습니다
"진정한 아름다움은 겉이 아니라 마음에서 나옵니다"
친절하고, 관대하고, 조용한 사람은
그 마음 때문에 더 아름답습니다
그 말, 참 그녀다운 삶이었지요

세상을 떠난 뒤에도
사람들은 그녀를 이렇게 불렀어요

"세상을 바꾼 천사의 미소"
참, 그 말은
그녀의 이름과 참 잘 어울려요

청춘이여,
그녀를 기억하십시오
화려함보다 따뜻함을 선택했던 한 사람을
상처에도 웃을 줄 알고,
어른이 되어도 아이의 마음을 간직했던 사람을

그대도 언젠가 어른이 되겠지만,
그때에도 지금처럼 미소를 잃지 않기를
당당함과 우아함,
그리고 빛나는 마음의 아름다움을 지닌 사람으로 남기를

청춘이여,
오드리 헵번이라는 이름 속에서
그대의 미래를 비추는
한 줄기 빛을
발견하기를 바라요

두 분의 언어, 삶이 되다

청춘에게 가까이 다가가
마음속 이야기를 건네고 싶습니다

여기 두 분의 삶 이야기가 있습니다
프란치스코 교황님, 그리고 한국의 어른 김장하 선생님

서로 다른 삶의 여정 속에서도
두 분은 같은 빛을 향해 나아가셨습니다

늘 약자의 곁을 지키셨고,
성공과 명예보다는 조용한 울림이 되는 삶을 택하셨습니다
평생 자동차 한 대 없이도 당당히 걸어가셨고,
언제나 검소하셨습니다

무엇보다, 그분들의 언어는 참 따뜻했습니다
진실하고 정직하며, 아이처럼 순수했습니다

그 언어는 결코 거창하지 않았지만
사람의 마음을 살피고, 세상을 품는 힘이 있었습니다

프란치스코 교황은 황금 십자가 대신
검은 철제 십자가를 목에 거셨습니다
교황의 임금도 받지 않으셨고,
선종 후엔 단돈 100달러만 남기셨습니다
가난을 서약하며, 남은 모든 것은 이웃에게 나누셨습니다

김장하 어른은 이렇게 말씀하셨습니다
“돈은 쌓아두면 썩지만,
흩으면 거름이 되어 꽃이 피고 열매를 맺는다”
그 말씀처럼,
그는 조용히 돈을 흩어
우리 사회에 수많은 꽃을 피워내셨습니다

책은 늘 그분들의 숨결 가까이 있었습니다
그 문장들이 마음속 언어로 자라
삶의 품격이라는 꽃을 피워 올리셨습니다

또한 타인을 함부로 재단하지 않으셨습니다

높은 자리에 있어도 늘 낮은 곳을 바라보셨고,
공동체와 함께 숨 쉬는 길을 선택하셨습니다

그분들의 얼굴엔
흐르는 강물처럼 고요한 믿음과
햇살 같은 여유가 깃들어 있었습니다

청춘이여,
가난하게 살라고 말하려는 것이 아닙니다
자동차를 사지 말라는 것도 아닙니다
그대 자신을 먼저 돌보는 것이 우선입니다

매일을 버텨내는 것도 쉽지 않은 시절이지만

다만,
공동체를 돌아보는 마음,
나눔과 환원의 가치,
그리고 언어에 깃든 인품과 품격이
결국은 '사람다움'을 완성한다는 것을
마음 한편에 간직해 주셨으면 합니다

그저,
참된 어른 한 사람의 삶이
또 하나의 청춘에게 길을 비추는 별빛이 된다면,

그 별빛이
여러분 마음 어딘가에 오래 머물러
조용히 삶을 비추는 등불이 되어 주길 바랍니다

품격은 소리치지 않는다,
조용한 선택이 쌓여 얼굴이 되고,
그 얼굴이 곧 너의 언어다.

품격의 유산, 청춘에게

청춘이여,
살다 보면 세상의 부조리와 마주할 때가 있지요
때로는 그것이 너무 커 보여서
무엇 하나 바꿀 수 없을 것 같은 무력감에 잠기기도 합니다

하지만 역사의 한 페이지마다,
그 무력함 속에서도 끝내 포기하지 않으셨던 분들이 있었습니다

인도의 간디 선생님,
그리고 우리의 김구 선생님

두 분은 싸움의 시대에
싸우지 않는 용기를 택하셨습니다
그 비폭력은 두려움이 아니라,
끝까지 인간의 존엄을 지키려는 가장 강한 의지였습니다

간디 선생님은
식민 지배 아래에서 진리와 비폭력의 길을 걸으셨습니다
선생님께 불복종은 죄가 아니었습니다
오히려 부당한 권력에 침묵하는 것이
더 큰 죄라 믿으셨지요

그분은 맨발로 걸었습니다
총 대신 소금 한 줌을 들고,
칼 대신 믿음을 들었습니다
조용했던 그 발자국과 침묵은
세상의 총성과도 맞먹는 울림이었습니다

인도인들에게 자유를 가르치셨던 그 손에는
무기가 아닌 소금 한 줌이 들려 있었습니다
그 '소금 행진'은 단순한 저항이 아니라,
인류가 인간답게 살 권리를 선언한 평화의 혁명이었습니다

1948년, 간디 선생님은
종교의 증오 속에 쓰러지셨습니다
그러나 마지막 순간까지 이렇게 말씀하셨지요
"복수하지 마라, 용서하라"

그 삶은 힌두와 이슬람의 화합,
인도와 파키스탄의 평화를 향한 기도였습니다

김구 선생님도 그러하셨습니다
나라가 찢기고 사람들의 마음이 흩어졌던 그 시절,
선생님은 이렇게 말씀하셨지요

"나는 한없이 우리나라가 아름답기를 원합니다"

그 말에는 힘을 부정하지 않되,
힘이 사람을 삼키지 않게 하려는 지혜가 담겨 있었습니다
그분의 꿈은 '이기는 나라'가 아니라,
'존엄히 서는 나라'였습니다

해방 후 나라가 분열의 소용돌이 속에 있을 때,
선생님은 이념보다 인간의 양심을 먼저 말하셨습니다
남과 북, 좌와 우를 가르지 않고
평화적 통일정부를 세우려 애쓰셨지요

선생님께 '독립'은
단지 나라의 해방이 아니라,

사람의 마음이 다시 하나 되는 것이었습니다

김구 선생님은 권력을 원하지 않으셨습니다
그분의 바람은 도덕과 양심으로 세워진 나라였습니다
만약 선생님께서 1949년,
이념의 총탄에 쓰러지지 않으셨다면,
분명 냉전의 한가운데서도
비폭력과 평화 통일을 말한 지도자로
기억되었을 것입니다

두 분은 모두 총칼 앞에서 생을 마감하셨지만,
그들의 마음은 아직 우리 곁에 남아 있습니다

그리고 조용히 말합니다
“진짜 강함은 싸워서 이기는 것이 아니라,
미워하지 않으면서도 지켜내는 것이다”

그분들의 품격은
노벨평화상 후보로 손색이 없는,
인류의 양심이었습니다

간디 선생님은 종교의 증오에 스러지셨고,
김구 선생님은 이념의 분열에 쓰러지셨습니다
그러나 두 분의 생애는
인간이 지켜야 할 '평화의 마지막 선(線)'이었습니다

그분들의 삶은 인도와 대한민국이 다시 태어나는
정신의 뿌리가 되었습니다
그 마음은 세월을 넘어,
지금도 조용히 그대의 가슴속에서 숨 쉬고 있습니다

청춘이여,
그대의 하루가 너무 벅차고,
세상이 너무 빠르게 흘러가
때로는 자신이 작게 느껴질 수도 있겠지요

하지만 작음은 결코 약함이 아닙니다
그 속에는 세상을 바꿀 씨앗의 힘이 숨어 있습니다
오늘 누군가의 불합리한 부탁을
조용히 웃으며 사양했다면,
차가운 말투 속에서도 억지로라도
따뜻한 말을 건넬 수 있었다면,

그리고 여전히 누군가를 이해하려 애썼다면,

그건 스스로를 지키는
단단한 강함의 표현입니다

세상은 아직도 불완전하고,
진심은 여전히 느립니다
그 느림 속에서
희망은 자랍니다

그대의 발걸음 하나가
세상을 조금은 따뜻하게 만들 것입니다

그러니 잊지 마세요
품격이란, 미움과 분열의 세상 속에서도
끝내 자신을 잃지 않는 마음입니다

오늘도 조용히, 그러나 단단히 빛나는
그대의 마음이
세상을 조금 더 밝히길 응원합니다

흔하지만 천하지 않은

- 가브리엘 코코 샤넬에게 배운 품격

흔한 이름으로 태어난 우리,
바람결에 휘청일 듯
평범한 하루를 걷곤 하지요

하지만 기억해 주세요,
흔하다는 건 그저 시작일 뿐
그것이 천하다는 말과 같지는 않다는 것을요

열두 살,
어머니를 잃고
아버지마저 곁에 없었던
가브리엘이라는 소녀가 있었습니다

그녀는 고아원의 담벼락 아래서
울음을 접고
바늘과 실로

조용히 꿈을 꿰매기 시작했습니다

작은 모자 가게 하나,
세상의 조롱도, 가난도
그녀의 손끝에선
멋이 되었고, 삶의 철학이 되었습니다

그녀는 말했지요
"럭셔리의 반대는 천함이 아니라 흔함"이라고요

그래요, 우리는 흔할 수 있어요
길가의 조약돌처럼
무수한 얼굴들 속의 하나일 수도 있어요

하지만 그 속에서도
진주는 자라고
애벌레는 나비가 됩니다

우리도 그래요
묵묵히 견디며
열정으로 다듬어지고

지식으로 채워지고
지혜로 빛나갑니다

애벌레가
자신에게 날개가 있으리라 몰랐던 것처럼
우리도 아직
자신의 날개를 다 모른 채
살아가고 있는지도 몰라요

작은 꿈 하나,
그다음 해에 또 하나
그렇게 천천히, 그러나 분명히
그대가 길을 걸어가길 바랍니다

그 길 끝에서
그대는 분명 누군가에게
희망이 되고,
영감이 되고,
자신만의 '럭셔리'가 될 거예요

흔하되, 결코 천하지 않은 그대에게

오늘도 이 시 한 줄을 보냅니다

그대는,
충분히 샤넬이 될 수 있는 존재니까요

봄눈 녹듯

마음이란
눈에 보이지 않기에
이해하기 어렵고,
말로 꺼내기 어렵기에
더 다가가기 힘듭니다

선배도
늘 여유 있는 어른은 아니고,
후배도
늘 이해받고 싶은 아이는 아니지요

삶은 누구에게나 저마다의 무게로
조금씩 기울어 있을 뿐입니다
그 기울임을
결코 가볍다 말할 순 없습니다

때로는
“차 한잔하시죠”
그 말 한마디에
마음이 풀리고
봄눈처럼 고단함이
스르르 녹아내리기도 합니다

서로의 다름을 인정하는 것이
존중이라면,
상황을 이해하려는 마음은
그보다 더 귀한 공감이지요

도움을 건넬 수 있다면,
그건 아마
사람 사이 가장 따뜻한 배려일 테고요
오늘 그대도,
누군가의 봄눈이 되어줄 수 있기를
그리고 그대의 눈도, 누군가에 의해
조용히 녹아내릴 수 있기를

약속이란 품격을 지키는 일

청춘이여,
조용히 한 가지 여쭤봅니다
오늘, 누구와 어떤 약속을 나누셨나요?

약속은 단순한 말이 아닙니다
그건 마음을 건네는 일이자
상대를 향한 조용한 존중입니다

세상은 약속 위에 세워져 있습니다
신호를 지키는 일, 법과 질서를 따르는 일,
회사에서의 협업과 학교에서의 규칙까지
모두가 보이지 않는 약속의 끈으로 이어져 있지요
우리는 그 믿음 위에서 살아가고 있습니다

하지만 많은 관계가
'작은 약속' 하나에서 흔들리곤 합니다

늦은 시간, 잊힌 응답, 가벼운 말
사소해 보여도 그 틈에서 신뢰는 멀어집니다

요즘, 여러분은 오프라인보다
온라인에서 더 많은 약속을 나눕니다
디지털 커뮤니티, 네트워크, 프로젝트의 세계
거기에도 질서와 배려가 있습니다
보이지 않기에 더 정직해야 하고,
차가운 말 하나가 모두의 온기를 식힐 수도 있습니다

청춘이여,
약속은 결국 사람 사이의 믿음을 쌓는 일입니다
그리고 그 믿음은
그대의 말에 신뢰를, 삶에 깊이를 더해 줍니다

작은 약속 하나,
그것은 그대를 아끼는 가장 조용한 방식입니다
그리고 그 작은 성실이 모여
그대를 믿을 수 있는 사람으로 만들어 줍니다

그리고 잊지 마세요

스스로와 맺은 약속이 가장 먼저입니다
무심코 흘려보낸 다짐들
예를 들면,
오늘은 조금 더 인내하자,
감정을 쉽게 내뿜지 말자,
남 탓 대신 내가 먼저 움직이자

이런 작은 약속들이
하루를 조금 더 단단하게 만들어 줍니다
그리고 그 하루들이 모이면,
그대의 내일은
훨씬 더 믿음직한 사람의 모습으로 빛나게 될 것입니다

그러니 오늘,
약속을 한 가지 지켜보지 않으시겠어요?
누군가와의 약속도 좋고,
조용히 가슴속에 새긴
자기 자신과의 약속도 좋습니다

기억하세요
약속은 말을 남기는 일이 아니라,

그대의 품격을 남기는 일입니다

그 말 없는 믿음이

그대를 조용히 빛나게 합니다

숨이 되는 사람

진정한 가치는 무엇일까요
우리는 가끔 스스로에게 묻습니다
값비싸고 드문 것만이 귀한 걸까요?

사막의 갈증 앞에서 건네받은 물 한 모금,
숨이 막히던 순간 스며드는 신선한 바람은
금보다 귀하고, 어떤 보석보다 찬란합니다

그러나 평소 우리는 그 소중함을 잊고 살아갑니다
너무 가까이 있어,
너무 당연하게 곁에 있어,
없는 듯 여기다가도 사라지는 순간
삶 전체가 흔들려 버리는 존재
그것이 바로 물이고, 공기이지요

햇살의 황금빛, 바다의 소금 향, 손끝에 반짝이는 보석들…

그러나 그것들이 사라져도 하루는 버틸 수 있지만,
물과 공기가 없다면 생은 단숨에 무너집니다

더위에 지친 여름날의 시원한 한 잔의 물,
겨울밤을 덥혀 주는 따뜻한 물,
답답한 날 창을 열며 들이마시는 맑은 바람
식물도, 동물도, 우리 인간도
그 축복이 사라지는 순간, 하루도 버티지 못합니다

다이아몬드와 금은 결국,
이 앞에서 고개를 숙일 수밖에 없습니다
사막 한가운데서 만난 물 한 모금은
백 냥의 금보다 값지지 않을까요?

저는 청춘이 그런 존재이길 바랍니다
잠깐 반짝이다 스러지는 불꽃이 아니라,
조용히 곁을 지켜 주며
누군가의 삶에 숨이 되고 쉼이 되는 사람

풀벌레 소리로 깊어가는 초가을 밤,
푸르른 숲의 향기와 나뭇잎 냄새,

폐 깊숙이 스며드는 상쾌한 바람,
아침 이슬 머금은 풀잎들…
그 모든 풍경이 청춘, 바로 그대를 닮았습니다

청춘의 매력은 드러내지 않아도 빛나고,
흔하지만 고귀하며,
눈에 보이지 않아도 세상을 지탱하는
그 힘에 있습니다

맺음글

– 청춘에는 마침표가 없습니다

글을 마무리할 즈음, 어느새 가을이 깊었습니다
부스럭거리는 낙엽의 소리,
창가를 스치는 바람,
헤이즐넛 커피 향이 조용히 마음을 적십니다

처음부터 책을 쓰겠다는 결심을 한 것은 아니었습니다
다만 수년간 인사(HR)팀장으로 지내며 만난
신입사원과 청년 인턴, 입사지원자들…
그들의 눈빛과 대화를 그때그때 메모하다 보니
어느새 백 편이 넘는 이야기가 제 노트에 자리했습니다

그중에서 청춘에게 위로와 응원이 될 수 있는 글들을
다듬고 보완하며 한 편의 수필로 완성했습니다
그날의 웃음과 망설임, 그리고 짙은 고민들이

제 문장 속에 스며 있음을 느낍니다
저와 인터뷰하며 영감을 나누어 준 모든 청춘들에게
깊은 감사의 마음을 전합니다

돌아보면 저 역시 신입사원 시절이 쉽지 않았습니다
상사와의 대화가 어려웠고,
선배들의 생각과 나의 생각이 다를 때면
어떻게 말해야 할지 몰라 밤늦게 혼자 고민하곤 했습니다
그 시절, 따뜻한 조언을 건네주신 선배들이 있었기에
오늘의 제가 있을 수 있었습니다

일을 배우는 것도 중요하지만,
결국 '조직에서 함께 살아가는 법'을 배우는 일,
그것이 인생의 더 큰 배움이라는 것을
시간이 흐른 뒤에야 마음 깊이 느끼게 되었습니다

회사에서 배운 것도, 관계에서 다져진 것도 결국
'피어나는 방식'을 배우는 일이었습니다

그래서일까요
저는 청춘이 모두 장미와 같다고 생각합니다

봄의 장미처럼,
아직 세상이 낯설지만 모든 것이 가능할 것 같은
설렘의 시작이 있고,

가을의 장미처럼,
여름의 뜨거움을 견디고
자기 향을 아는 깊은 성숙의 순간이 있습니다

늦게 피어도 괜찮습니다
더 붉고, 더 진하고, 향도 더 깊게 피어나니까요
그 어느 장미든 모두 아름답습니다

이 책이 그대의 마음에
작은 영감과 따뜻한 자극이 되었다면,
그것으로 제 집필은 충분히 행복합니다

혹시 그렇다면,
저는 조심스럽게 제2권을 꿈꾸어도 될까요? (웃음)

마지막으로, 이 글을 읽고 있을
모든 청춘에게 전하고 싶습니다

그대의 이름은 이미 아름답습니다
그대의 하루는 이미 빛나고 있습니다

청춘에는 마침표가 없습니다
그 끝없는 문장을, 우리 함께 걸어가길 바랍니다

감사합니다

무룡 임상택 씀.